어머니 용서하세요

한비시선 020
어머니 용서하세요

초판인쇄 | 2009년 11월 20일 **지은이** | 정영란 **E-mail** | jlan47@hanmail.net **펴낸이** | 김영태 **펴낸곳** | 도서출판 한비CO 디자인 | 빗살무늬 053-424-0882 **출판등록** | 2007년 1월 21일 제 25100-2006-27호 **주소** | 700-442 대구시 중구 남산2동 938-8번지 미래빌딩 3층 301호 **전화** | 053)252-0155 **팩스** | 053)252-0156 **홈페이지** | hanbimh.co.kr **이메일** | kskhb9933@hanmail.net **후원** | 월간 한비문학

ISBN 978-89-93214-20-8
ISBN 978-89-93214-14-7(세트)
값 10,000 원

* 잘못된 책은 교환해 드립니다.
* 저자와의 협의로 인지는 생략합니다.

어머니 용서하세요

정영란

서문

    어머님 닮아도 닮지 못하고 결국 이렇게 어머니께 불효를 범합니다. 자식 평범한 삶 살라고 원하는 그 삶 그런대로 살았습니다. 어머니 덕택이지요. 지금 제 나이 회갑을 지나고도 몇 개는 더 있습니다.
    그런데 어머니 제 가슴 구석진 곳에는 갓난 아기 옹알이처럼 옹알대는 문을 열지 않으려고 닫고 닫아도 어머님 말씀처럼 지독한 병인지 이렇게 발병해 어머니께 용서를 빕니다.

    저는 이글들이 제 손에서 펴지는 날 눈물을 참지 못할 것입니다. 센 팔자 살지 말라고 어머님 말씀 거역한 적이 없는 딸이기에 센 팔자 살지 말라는 저의 인생 이제 끝을 바라보아야 함에 터져버린 홍수와 같은 눈물을 이 한 권의 책이 다 젖도록 울어 버릴 것입니다.

어머님 지금도 글을 쓴다고 야단치시겠지요. 평범하고 편안한 삶으로 일생을 살기를 간절히 원하시던 그 마음 알기에 말 없이 살아온 저입니다. 저는 지금 행복합니다. 세상을 다 끌어안은 마음 어머님 이제는 기쁨으로 바라봐 주시기를 어머님 곁으로 갈 시간도 얼마 남지 않은 제 나이 그때까지 바람 봐 주시기를

불효 여식 딸 중에 막내딸 올림

차_례

제1부 사랑이기에 아름다운 것을

배(船)_10 사랑 세레나데_11 그리움_12 침묵_13 누가 뭐라 해도_14 어머니_16 당신의 계절에_18 정들은 건물_19 기억_20 닫혀 있는 문(門)_22 아름다운 기도_24 낯 설은 이_25 가끔은_26 외로움_28 기다림_29 그들의 섬_30 사랑도 미움도_31 생의 마지막 여행_32 풋사랑_34 중매쟁이 눈_36 액자_38

제2부 희망을 젖게 하는 따스한 계절에

산새_40 목련_41 꽃망울_42 민들레_43 익살스런 비_44 벚꽃_45 꽃_46 무더운 여름밤의 바람_48 잠 못 이룬 밤_50 여름_51 연꽃_52 봉선화_53 고구마 줄기_54 해맞이_56 시들어 버린 꽃다발_58

제3부 산다는 것은 희망을 가지는 것이기에
뿌리를 깊게 하고서 가지를 밀어가며

생의 답안지_60 소박(素朴)한 꿈을_62 우선 멈춤_63 희망_64
독백_66 부부의 길_67 비속에서_68 고무신_69 말썽꾸러기_70
운명_72 수돗물_73 멈춘 시곗바늘_74 세상이란 보자기_75 디딤
돌_76 매듭_77 오후_78 나를 어떻게_79 현실_80 나를 위한
시간_82 뭍에 오른 밤_84 소원_85 가난_86 가로등_88 변신_90
비밀_91 현대인_92 달을 잃어버리지 않았다_94 점심시간_95
살게 하는 이유_96 누구를 위해_97 흐린날의 일출_98

제4부 세월이 지남에 짙은 자국 다시 돌아보며

우정_100 만날 고개_101 절제_102 네가 피워야 할 꽃이기에
_104 남아야 하는 아픔_106 과거_107 꿈은 나를 자신의 연극무
대로 알고_108 길벗따라_110 촛불은 그냥 타지 않는다_117 추억
의 그리움_118 가을찬가_120 내가 물어본 가을_121 낙엽 1_122
낙엽 2_124 떨어지는 잎새_126 가을 1_127 가을 2_128 보름달
닮은 호박_130 눈_131 꼭 다문 입술_132 진실 그리고 거짓말_134
바다의 고향_135 팔월 대보름_136 장날_137

작품해설_ 김원중 _138

제1부
사랑이기에 아름다운 것을

배(船)

뱃머리 길손을
안으로 접고

별빛 흐르는 꿈속에서
은수저 금수저 줍다

먼동이 여는 새벽이면
제 육체를 사랑하다

해질 무렵이면
사랑하는 이 생각에

옷깃은
젖어들고

그친 풍랑 앞에 서선
그리운 이 얼굴

투박한 밧줄에
걸어두고

커다란 울음 삼키며
떠 다닌다

2007 / 부산일보 주체 영남여성 백일장 차하 입선작

사랑 세레나데

겨울날 하얀 눈처럼
가슴 열리는 날에는
입술이 연분홍으로 익어간다
혼자가 아니기에
시야엔 모든 것이 아름다워

무엇이든 용서할 수
있을 것이 기에
훗날 아주 먼
훗날에도 머물고 싶은

서로의 태양을 향해
하트 같은 미소 쌓으면
익혀 져 가는
무언의 세레나데

-사랑 그 아찔한 황홀-(시집)

그리움

한 떨기 꽃처럼 시들어
시린 상체기 그려놓고
돌아다보면
이슬 맺혀진 골목

네가 흘린 콧노래
풀잎피리 부르며

못다 피운 꽃을
기다림 그리려다
저물어 가는 햇살
멍울진 또아리

-사랑 그 아찔한 황홀-(시집)

침묵

침묵하지 말아요
잎 하나 달려 있지 않은 겨울나무 같아요

폭설이 내린 백설 위로 쌓여진
많은 사연을

외로이 뚜껑을 닫으면
눈물이 흐르니까요

말없이 떠나는 자유를
바람과 같이 보내야 하는

아픈 사연 알면
침묵하지 말아요

누가 뭐라 해도

우리나라
나의 조국
가슴을 열고 큰 쉼을 해도
편한 것을 먹지도 않아도
누구 말처럼 배가 부른걸
무엇으로 거부할 것인가
가장 세상에서 편한 옷인걸

우리나라
나의 조국
누군가 손가락질하여도
가슴을 열어 답하리
누구 말처럼 배가 고프면
무엇으로 채우려느냐고
아름다운 이 강산 저 강산 있지

우리나라
나의 조국
조국이 나를 원한다면
조국을 위해 응하리
누구 말처럼 배신한들
영원한 소리 울림을 하는
여운 남길 채취가 있지

우리나라
나의 조국
모자람이 많은 빈 그릇
그것을 채워야 할 의무
우리가 아니면 그 누가
모자람은 희망을 가지라는
무언중의 예시이거늘

우리나라
나의 조국
이제껏 숱한 바람 씌며
모질게 견디어 온 세월
수많은 날을 우리가 알아
모진 겨울 눈보라 지나면
반듯이 봄은 오거늘

어머니

당신은 냉정하면서도
차가웠습니다

마음은 따뜻하면서
뜨거웠습니다
당신은 인정도
사정도 없었습니다

그러나
마음은

뒤돌아서서
눈물을 지어시고
가슴이 아파
여위신 손바닥으로

가슴을 쓸어내렸습니다
당신의 자식이 남에게
떳떳하게 보이라고
욕먹지 말라고

애써 마음 졸며
눈에 보이지 않는

신에게
빌고 또 빌고

그 나이 되어보니 그 응어리가
자신도 모르게
흘러가고 있는지
그 옛날 당신의 모습으로

당신의 계절에

태양 한 줌 그늘 한 줌 허리에 꿰고
길 떠다니는 나그네 되려네
이마를 타고 콧등을 흐르는 바람따라
뭉게뭉게 구름이 그려 놓은 좋은 벗 하나

하늘에 삽살개 따라나서고

어쩌다 버려진 바람 한 줌
잔 돌멩이 큰 돌멩이 사이사이로
이리 삐죽 저리 삐죽 이름 모를 잎
사각이는 풀잎 소리 들으며

어디서 날아든 노란 나비 따라나서네.

정들은 건물

한 발자국 두 발자국
일주일 전에

나무색깔의 지붕 위에
하얀 십자는

새로이 태어나는 건물 뒤로
술래 되어 찾아야 했다

저 건너 육 층짜리 학교 건물도
보름 후면 눈도 제대로 뜨지 않은

희멀건 허허로운 건물 뒤로
숨겨지겠지

새로운 눈인사를 나누어도
오랜 정겨움 정듦만 할까

교회건물도 학교건물도
새로운 눈 맞춤을 비켜가는

정들었던 것들을
이미 정으로 익어있는 자취들을

기억

나의 사랑은 투명한 유리에
마알간 얼굴이 되어
나의 기억을 품습니다
잊을 것 같은 세월의 흐름도
차마 퇴색하지 못하고
또아릴 틀어
마주하면서
얼룩이 이는 날은
걸레질로 반짝입니다

추운 겨울날
뜨거운 입김으로
쓴 글자는
어느 시인의 읊은
목이 긴 슬픈 짐승이 되어
늘어난 모가지에
멍이 된 자국이
붉은 장미꽃처럼
붉게 물들은

지금도 그 향기에 어리고
두근두근 거리던
내 젊음이
가슴 조여와
새댁처럼
얼굴은 홍당무로 비쳐
나의 사랑은 투명한 유리에
마알간 얼굴이 되어

닫혀 있는 문(門)

열지 않아도
굳이 열라고 말하지 않습니다
닫아 두었다가
열고 싶을 때에
열어 보여도 싫어하지 않습니다
굳게 다문 입술은
잇몸도 다물어 있을 것을
알고 있기에
안으로 안으로만
더는 닫지만 않는다면

일 년 삼백육십 오일을
닫아두어도
열어 달라고 말하지 않을 테니
열고 싶을 때에 열어
굳게 닫혀있는
하이얀 잇몸 드러내어
속살도 살그머니
그때그때 보여도
아무도 아무도
미워하지 않을 것이기에

처음부터 기다리는
그 모습 그대로를
기다리이다
비가 내려도
눈이 내려도
바람이 불어도
웃는 모습 보조개 이는
얼굴을 알고 있기에
찬바람이 몰아쳐도
따스한 손과 손이 마주하는 출입문을

아름다운 기도

그대가 헌 신짝처럼 버린 사랑을 주우려 간밤을
지새우고도 모자라 이 밤도 설쳐 우옵니다
가을날의 한 잎 낙엽으로 끝나버리진 아니하겠지요

그 소년은 밤사이 이렇게 하얀 백지 위에 낙서를 하면서
밤의 시간을 꼭 붙잡고 사라질 것 같은 사랑을
낙서하고 또 낙서를 하면서 긴 밤을 보낸 아침

그의 침실베개는 땀으로 흥건히 적셔놓고 정신을 잃었다
꿈속 같은 세계를 헤매는 시간 소녀는 소년의 집에서
가까운 언덕에서 사과를 한 입 물었다

잘못 깨물린 사과는 때굴때굴 굴러 소년의 방문 앞에서
멈추어 사과를 주우러 간 소녀는 우연히 창문으로 소년을
발견하고 주운 사과를 소년의 입에다 물려 정신을 깨워

그대가 헌 신짝처럼 버린 사랑을 주우러 간밤을
지새우고 모자라 이 밤도 설쳐 우옵니다
라고 쓰여 진 그 밑줄에 다음과 같은 글을 적습니다

한 알의 사과로 생각하는 사랑은 이루어질 것입니다
사랑하는 사람과 사람들을 울리지 않은 이런 사과로
영원하고 예쁜 사람들의 사랑이 이루어질 수 있다면

낯 설은 이

앞사람의 뒷모습을 보면서
우연히 같은 방향의 동행

공통된 순간이 부딪치면
앞서 가는 사람 몰라도 반가운 건

어디를 가든
나 아닌 다른 사람들도 여기 있다는

숫자가 많으면 많을수록 마음도 충만해져
날개를 펴 날을 것 같은

앞면이 없어도 아는 척을 하지 않아도
말없이 모르는 척 지나쳐도

가끔은

커다란 울음을 터트릴 듯이
삐죽 삐죽이든 벚꽃 봉오리

오늘 아침에는
반기듯 활짝 웃음 머금고

끼 죽도 제대로 챙기지 못한
마른 가지에 얼굴을 묻어

밤이슬도 아직 가시지 않은
베란다 창밖을 아름답게 그려놓고

겨우내 말려 둔 노란 국화향 찻잔에
미련을 버리지 못하고

제 모습 우려진 긴 모가지로
창문 기대어 흘기는 얼굴

닮은 모가지로
기대어선 모습 바라보다

옛날 대문 밖에서 기다리던
그 모습

아 –
세월이 가도 가끔은 기억이 나는 건

잊음이 먼 훗날에
찾아 올 것이라도 지금은

외로움

점심시간 식사 주문하고
의자에 앉은 옆자리에서
"야 너 요즈음 쓸쓸해 보여"
"글쎄"
"장가가야하는 거 아냐"
"어디 그게 맘대로 되냐"

남편 아들 딸 손자가 있어도
가을날 잎 새가 한 잎 한 잎
떨어지는 풍경에도
소꿉친구 손을 잡고 같이 있어도
그는 알 수 없는 외로움에 빠진다.

인간이기에
사람이기에

기다림

접혀진 아득한 그 움막 위로
하이얀 은박이 드리워지고
찬바람 곱게 지나갈 도포를
다독여 태양을 늘어 놓고
오늘이 아니더라도 내일이라도
오면 닫힌 창문을 열고
반기리 반갑게 반기리
설한 폭풍 견디며 지나온 목마름
설야에 안긴 긴 입맞춤으로
하이얀 입김 디딤돌 되어
접혀진 아득한 그 움막 위로

그들의 섬

파헤쳐지는 땅
땀방울을 굴려가며
뭉쳐지는 근육은
식구들의 일거리가 되고
귀 구멍을 후벼 파는 커다란 굉음
식구들 마음의 문을 여는 소리 되어
철근 하나하나에

땅을 밟고 해를 세워
겨드랑이에
더운 날 철근 모자 밑으로
새겨가는 아름다운 계획을
팔목에 동여매고
작업 신발 밑으로 생긴
터널은 무릎에 기대인 체

시멘트 먼지 검은 눈썹 위로
뽀얀 그림 그려
애간장이 다 탄 푹 패인 눈동자
기다리고 기다리는 입술 찾아
부르튼 발가락은 향하고
온 종일 뒤집어 쓴 먼지는
사랑을 하루에 못 다 쓰고

사랑도 미움도

사랑을 하지 않으려고
살며시 눈을 감고
돌아섭니다
멀리 있는 시간
가슴에 밀려오는
바다의 썰물 같은
씻겨가는 외로움 내키지 않아

미움도 않으려고
행여 마주보면
마주하고 있는 것만큼
멀어져 가는
아픔이 쏟아져
바다의 밀물 같은 비움은
내키지 않아

사랑도 미움도
잔잔하게 부는 바람처럼
살며시 눈인사만 하면서
길모퉁이쯤 해서
한 번 하고 또 한 번
눈으로는
아무런 일 없었노라고

생의 마지막 여행

영국에서 스위스까지
차창 밖을 내다보며

팔십과 칠십을 청실홍실 곱게 엮어
세월 기운 주름진 손과 손을 마주 잡고서

하얀 두 사람의 머릿결
가지런히

기차 길의 긴 레일 위로
두 사람만이 아는

원초적인 색깔로
같은 심장 박동

고리 끝의 날에 삼켜가는 뼈에 묻힌 황무지
가까워질수록

두 손은 꼭 쥐어지고
주름진 눈빛으로

무언의 시선이
사랑이었을

지나온 사연을
눈동자로 이야기하며

생의 마침표 마지막 여행길
그들이 택한 길

눈시울이 젖어드는
아픔을 앓는 걸까

풋사랑

예쁜 살구꽃
닮은

꿀 먹은 듯 다문
입술

이슬비 오는 날
우수를 가득 담아

커다란 눈동자에
수줍음 가득한 소녀 같아

숨 고르는
하얀 목덜미

커다란 파도 담아내어
출렁일 때면

내리는 비는
화려한 꽃송이의 몸짓에

한 송이 꽃 꿀도 축이지 못한
한 마리 벌 되어

만남이 멎어 버린 가슴
열지 못하고

가느다란 입김만
가느다란 입김만

중매쟁이 눈

밤사이 내린 눈은
처마 밑 다이아몬드처럼
반짝이는 고드름을 달아
엮어 놓고 저는 가버렸다

아리따운 아가씨
고운 이빨
하얗게 드러난
미소처럼 다듬어

눈부시게 한밤을
꼬박 새워
지금은
지쳐 쓰러져 버렸을까

희멀건 새벽을
열려 하는데
발자국 한 점 없는
들판에는 아직 뽑지 못한

배추 머리 위로 복실
복실한
흰 모자들을
푹 눌러 쓰고

없는 손가락 끝으로
눈 자락을 퉁기더니
한 녀석은 슬며시
기대버린다

마치 다정한 연인처럼
둘은 포옹하며 섰다
겨우내 추운 겨울을
둘은 꼭 껴안고

액자

당신은 천년을
가다듬어

당신의 모든 것
그리고

당신을 아는 모든 이의
생각마저도

제2부
희망을 젖게 하는 따스한 계절에

산새

알아들을 수 없는
언어
산자락 나뭇가지에서
이 가지 저 가지로
산속의 맑은 공기
그만의 언어로
뉘어놓고
흐르는 물소리마저 접어
날개에 감추어
인기척이라도 나면
이해할 수 없는 언어
들려주고
또 들려준다
귓가에 스치면
아름다운 멜로디로 피어나는
꽃처럼
닮아 가는지
같이 노래하고
같이 날고 싶다

목련

닮아 보고픈 희망으로
아직은 잊지 말라고
하얀 눈빛으로 물들인
커다란 꽃망울

그 겨울을 기억하며
흰 눈송이 만들어
마른 가지 끝에서
웨딩으로 감싼 신부

하얀 눈이 그리워할 이
이에게 주려고
빠알간 장미꽃 같은
그리움 안고

꽃망울

아침 해가 어두움을 걷어내고
두 눈 시린 듯
구름에 가린다

어제 밤사이 꽃봉오리는
갓난아기 입술처럼
도톰하니 매달려

엄마의 젖살을 더 덤 어
가려진 아침 햇살에
아침이슬 매달고

내일을 위해 제 모습
비쳐진 창가에
희망의 부름을 그린다

민들레

봄이요
봄

상처투성이에
다듬지 못한 몸 매무새

살랑살랑 봄바람에
날아가는 제 홀씨

가느다랗게
가느다랗게

여린 기억 섞이우고
겨울 입김 날아간 그 자리

제 육신 날아가는 모습
물끄러미 바라보며

가슴에 묻어가는
드문드문 머릿밑 버짐 번져가듯
슬픔을 머금은 체

봄이요
봄

익살스런 비

어젯밤 단비가
겨우 내 기지개 켜 놓은
벚꽃에게
무어라 말했기에

새파란 잎들이 발가벗고

땅으로 떨어진 벚꽃을
내려다본다
아이엠에프가 아닌
그보다 더한

한파가 온다고 겁을 준 걸까

바람에 가늘게 떨고 서 있는
벚꽃을 보고
파르르 떨고 있는
하룻밤 사이에 눈에 뜨이는

아주 앳된 작은 잎새들

벚꽃

수줍어하면서
상큼하게 웃는 입술
동쪽 바람 남쪽바람 안고
가지마다 빈틈없는
연한 피부

도란도란 소리
눈 시려 오면
하늘을 보고
게으름 살 보이려
느려진 바람 걸음을
엉덩이 들어 쐬고

색깔마저 맘 설레어
밤잠마저 꽃잎에 달아서
설쳐야 하는

야하게 피어난
새벽잠도
잊게 하는
신의 부름이여

꽃

어떠한 사랑의 전설이
있기에
마음 마음마다
미움이 사라져

어느 고향의 이름 앞에
토속의 내림으로
아름다움을
승화하고

어디서
독특한 밀어
맴돌아
짙게

그윽한 향을
자아내어
보는 사람마다
탄성을

누구의 부름을 받아
짧은 순간

생을
화려하게

빚어 놓고

잊혀지지
않는 순간
흔적은

무더운 여름밤의 바람

발가락 사이로 살랑살랑
치마고름 살짝 걷어올린 바람이

빨갛게 익은 얼굴을
두 손으로 가리어 사뿐사뿐

발가락에서 나는 고약한 냄새에도
희죽 희죽 웃으며 미끄럼 타듯

사이사이로 지나 배꼽이
삐죽이 보이는 살갗에도

볼을 비비며 비좁은 틈바구니를
후루루 후루루 지나

겨드랑 땀내음
코밑에다 실어 놓고

깔깔 웃으며 콧등을 따라
귀 볼 뒤로 흘러내린 머리카락

결 하나하나를 걸레질로 문질러 듯
문지르는 귀여운 것

고향이 어디인지
본적이 어디인지

어느 해에 태어났는지를
알 수가 없습니다

귀여운 눈웃음
보조개까지 지으며

살랑살랑 걷는 걸음
아마 나이는

잠 못 이룬 밤

어릴 적
골목 귀퉁이쯤
자리하고
쳐다본 밤하늘
별들도 많았는데
지금은 많이 보이지 않고
아름다운 수많은 별
은하를 이루고
그 아래에서 별을 헤다
꿈나라로 가고
꿈속을 돌아온
바로 오늘
세월의 굳음에
잠재울 수 없어
눈동자만 멀뚱멀뚱
행여 두리번거려도
낯설어 하는
별빛도 은하도
밤을 뒤척인다

여름

발가벗은 꼬마 작열하는 태양과
뿜어져 나오는 물줄기를 포개어
물과 태양을 안고 껑충껑충 인다
호흡이 가파른 한나절 더위에
거나하게 취해 버린 아스팔트

하루의 질주를 저울질하건만
녹이 슨 것처럼 더디기만 하다
광대를 담은 오후는 그늘의 쉼터
김이 나는 얼음덩어리에
의지할 곳을 찾아 나서건만

나 몰라라 뒷짐만 지든 태양은
어느새 하루 일과를 마무리
슬며시 슬며시 시간 알아
제자리 찾아들 건만
밤은 밤대로 뒤척인다

연꽃

벌려진 입술 다물어 버리면
물결에 잠겨 있는 고운 매무새
하늘 길 오를 것 같아
다물지 못합니다

멈추어진 걸음 옮기면
하얀 날개의 천사 부름이 있을 까봐
먼 발길로 바라만 보고 있습니다

해를 따라
호수에 나부끼는 바람
아직 꿈속에서 헤매며 너울입니다

봉선화

아름다워
빨간 연지 입술

그 입술을 손톱에다 키스하는 날은
열일곱 살 고운 내음을

연지 밑에 숨겨 둔 연둣빛 개살구 같은
복 주머니

오뉴월 더운 여름밤
더위도 분노도 살금살금

깨알 같은 아가 방을 찾아
뜨거운 태양은 가을을 앓아야 했기에

여름에 애절히 찾는 그 바람
엎디려

엎디려서 엎디려서

고구마 줄기

갈증을 면하게
물 한 모금 주었을 뿐

가냘픈 연한 줄기
시들까 봐
정 한 모금
주었을 뿐

생글생글 뻗어 가는
가느다란

자기 땅 위해
자리를 양보

했을 뿐인데

손가락 발가락
끝자락까지
구석구석을
훑고 지나가는

잔잔한 미소

못난이 돌덩어리 닮은 게

혼이 불 살린
아름다움

그렇게
그렇게

마음에 담아 주려고
조용한 숨길 끝
오가던 눈빛으로
주고받은 열애

뻗어가는 줄기로
줄기로

해맞이

아침 해가 떴다고
밤이 다 간 것은 아닙니다

또 다른 밤이
기다리고 있습니다

날씨가 흐린 것은
해가 뜨지 않아서가 아니라

구름이 끼어 있어
뜬 해가 보이지 않을 뿐입니다

매일 아침을 맞이하는 건
우리가 아니라

붉은 해가 우리를
맞이하는 것

흐린 날이나
맑은 날이나

해에게 우린 어떤 모습으로
보이는 것이 좋을는지요

부끄러운 일들보다
걱정스런 표정보다

태양처럼 환한
밝은 모습은 어떤는지요

시들어 버린 꽃다발

때깔 고운
생애를 곱게도 접어

하늘을 나른다
현재를 과거로 밀어 놓고

정열을 불태운
구석진 모퉁이에서

자태의 빛 잃음은
자연의 몫으로

허상을 지운
진실이 정리된

제자리 찾아드는
걸음 껴안고

제3부
산다는 것은
희망을 가지는 것이기에

뿌리를 깊게 하고서
가지를 밀어가며

생의 답안지

이젠 그만 울어도 됩니다
그 울음 지나가는 바람결에
입김으로 날려보리다
마음의 상처가 깊으면
그 또한

성숙의 자리를 하고자 함이니
마음 달래어 웃어보리다
길다면 긴 시간
짧다면 짧은 시간을
안아보리다

멈추게 할 수 없는
시간의 억울함
재워둘 필요는 없습니다
실망스러움도
죽음의 유혹도

성숙의 길목이려니 하면
그 길목은 어느 듯 지나쳐서
쉴 수 있는 의자가 보일 것입니다
자신에게만
그 길을 지나온 건 아닙니다

누구에게나 그 길은 지나쳐 온 길입니다
그리고 웃을 수 있고
울음을 할 수 있는 것
살아감에 어느 것 하나
빠트리면 안 됩니다

어느 시간이든 한 가지는
그 시간에 자신의 어깨에 메여
있어야 하거든요 그것이 슬픈 것이든
웃을 수 있는 것이든 걱정거리이든
행복감이든 말입니다

이 모든 것은 부자도 가난한 사람도
구별 없이 짊어지고 살지요 그러니
연습이 필요하지요 누구에게나 주워담을
연습이든 복습이든 무사히 넘길 수 있는
진실로 필요한 답안지가 될 수 있게

소박(素朴)한 꿈을

젊음을 화려한 생활에만
눈을 두지 말어라
어두움이 앞을 가리는 날은
날개가 날지를 못하지
태양이 눈 부시는 하늘 아래
젊음의 고운 꿈을
밝혀주려 세상은
고통도 쉼 없이 내리쪼이는

고운 꿈
함부로 손에 쥐어 주지 않는 것
어려움을 곱게 곱게 접어
마음에 새긴 시간들
화려한 생활보다
아름다운 자신의 행복을
세월 지난 후에 비로소
젊음의 숭고함을

우선 멈춤

가시오 서시오
어지러운 문턱의 거리에서
잠시나마 쉬게 하는 그 자리
둥근 바퀴에 밀려
우선은

쉬고
건너는 목적의 길
원하는 길은 이 길을 지나야 한다
그 길을 가지 않는
쉼이 멈추는 반항은

생각하지 말자
머나먼 시간 일지라도 이 시간인들 왜
생각이 안 날 것인가
지금은 바로 눈앞에
차들이 지나가고 있지 않은가

희망

눈을 떠라
부릅떠라

어려운 것이
한두 가지더냐

제일 무거운 것은
땅에다 내려놓고

가벼운 것부터
들어 보라

일어서서
멈추지 말고

높은 산 있다고
눈 감지 말고

힘겨운 것 있다고
뒷짐 지지 말고

나의 몫이니 하고
두 주먹 쥐고

눈을 떠라
부릅떠라

독백

전화 벨 소리도
누군가 방문하는 초인종 소리도
폰으로 주민의 안전을 위한
방송도
핸드폰 소리도
밤이라 조용히 침묵합니다
식사 걱정할 시간도 아니고
정말 조용한 시간입니다
나만을 허락하는 시간
어디론가 날아가는
날개가 없어도 어디론가
날아갈 것 같은
이런 밤을
한낮에도 이런 날을 있게 해 달라고
기도를 가끔 하지만
욕심이지요
살아가는 것의 진실은
남을 위해 살아가는 것이
진실 된 삶이니까요

부부의 길

당신과 내가 만난 건
서로가 틀리기
때문입니다

서로가 나란히 설 수 없기에
출입문이 하나인 도깨비 뿔을 단
집이란 건물을
당신과 내가
하나가 되어 보라고
만들어진 것입니다

우연히 맞을 수 있다면
그건 서로의
노력이겠지요

얼굴을 마주보면
자로 잴 수 없을 만큼 맞지 않는
커다란 생채기

당신에게도 나에게도
서로가 닮음이 없음에
사십 가까운 세월을
그게 바로
당신과 나랍니다

비속에서

뽀얀 안개
안개만큼이나 무거운 빗줄기
빗소리가 낯설지 않다
우산에 떨어지는 마알 간 소리
침묵이 있을 뿐
절벅이는 발길이
장난스럽다
빗줄기가 굵어 질수록
발길은 일부러 물길 고인 웅덩이를 밟고
철없던 어린 시절의 기억을 붙잡고
오손도손 철벅철벅

아주 오래전에 잃어버린 물건을
찾은 듯 환호하는 아이처럼
신발 위로 솟구치는 물방울
그 보다 더 큰 방울 만들려
발목 깊이를 찾아
바지를 걷어 올리고
물살이 센 도랑 아닌 도랑을 들어섰을 때
이미 바지도 젖어 버렸고
우산은 살이 망가져 반쪽이 된 체
어릴 적 어머니에게 야단맞던 기억이
빗속을 타고 흐르는 연민은

고무신

하이얀 버선 발밑으로
하얀 콧날이 우뚝한 코
색동저고리 긴치마 아래서

남몰래 생선을 훔쳐 먹으려
살금살금 기어가는 고양이처럼
빨간 긴치마 밑으로 숨어서 사뿐사뿐

누군가에게 들키지 않으려
치마 끝자락 밑에서 두 눈에 불을 켜고
콧등만 살짝 내보이며

들키는 날엔 아무것도 얻어먹지 못하고
빗자루 몽둥이 세례 맞을까 봐
몸집을 땅바닥에 뱃살을 붙이고

냄새가 나는 곳으로 폭이 넓은 치마폭 아래서
살금살금 기어가는 몸을 도사린
두 마리의 고양이가 콧등을 시큰거리며 기어간다

말썽꾸러기

생각이라는 주머니
아주 말도 잘 듣습니다

시키는 것은 말썽부리지 않고

황금을 준다 해도 바꿀 수 없는
보물 제일 호
아무거나 집어넣어도 잊어버리지 않고

착하게 착하게
차곡차곡 재워놓는
아주 말 잘 듣는

이것저것 시켜도 보채지도 않는
그야말로 컴퓨터 같이 정확해서
메모지가 필요 없었지요

공과금 내는 날
사람도 없는 기계 앞이지요
순서가 척척 맞아 끝내는데

집 전화번호를 입력하라는군요
손가락을 들어 숫자를 찍지를
못하고 머뭇머뭇

고장을 일으키고 있었습니다
말썽꾸러기 미운 일곱 살배기같이
땅바닥에 퍼져 앉아

두 다리를 쭉 뻗어 버둥되며
두 눈을 흘기고 있습니다
두 다리엔 힘이 쭉 빠져

사람도 없고
말도 못하는
기계 앞에서

운명

그대 앞에 고여있는 물은
모든 사람들의 음료수

맛보는 이 마다
색다른 맛을 맛보게 하는

희 로 애 락의 바구니에서
같은 맛을 지닐 수 없는 그대

그대는
모든 사람들의 음료수

수돗물

내 작은 냇가에 흐르는 물
아침이나
낮이나
저녁이나
밤이나
맛 볼 수 있는 아주 작은
내 울안에 안겨 있는 냇물입니다
꼬맹이 녀석들이 베란다 냇가에서
손장난하는 날은 깜찍한 호수로
아주 작은 물놀이터가 되어
고자질도 하지요
절개가 없다 구요
철없는 아이나 어른이나 아무나
손대면 제일인 냥 쏟아내고
야단치면 삐쳐서 자취 감춰 버리는 새침데기
그 매력에 빠져버린 나는
그릇 씻고 빌고 쌀 씻고 빌고 야채 씻고
난후에도 빌어야 하고
빌 일이 한두 가지가 아니지요
내 작은 냇가에서

멈춘 시곗바늘

치매를 앓아
초침도 분침도
제 할 일을 잃고
가만히 섰다

움직임을 잃어버리고
자리에 선
움직여야 하는 하루를
동그란 뱃살 내밀고
오늘은 두드리지 않는다

저승으로 끄덕 끄덕이는 몸집은
우리더러 돌아란다
허연 이빨 드러내고

한 바퀴하고
또 한 바퀴
밤톨 한 입 문 다람쥐

쳇바퀴에서 쉬지 않고
징그럽게
돌고 돌 듯
돌아 보내고

세상이란 보자기

쉬운 것은 없습니다
어려운 것도 없습니다

삶이 우리에게 던져 놓은 보자기
산등성이 굽이굽이 지고

잔잔한 바다 수평처럼 보이지만
거센 파도가 있습니다

세상을 향해 받아 지어진
눈을 뜨면 만져지는

쉽지도 어려움도 없는
손으로 쌓아 보아야 할

세상이란 보자기
서로 의지하며 가는 길을

디딤돌

그대여 삼키지 마라
아무렇게나
삼키지 마라

하루가
그대에게 기대어
불꽃 피우는데

그대 생각 없이
빈손으로
삼키지 마라

그대 위해 있는
하루 위해

매듭

내가 만든 것인지
타인이 만든 것인지

꼭 가야만 하는 것인지
어느 날은 너무나 혼란스러워

밤잠을 설쳐
어리석은 날을 몇 날이나 보내버려

혼자 끙끙 앓아
큰 병을 키운 몇 날들

어디에 있는 것인지
그 어디에도 없는

이 길을 가야 하기에
뽀얀 안개처럼 보이는 곳 없으나

그곳이 정서가 깃든 곳이면
이 방황 매듭하리

오후

일거리 찾아 나선 발길에 걸린 빛
대문 처마 끝에 서성이고
헐거워져 있는 누렁이 목줄은
꼬리를 흔들며 장난질이다

하얀 대문에 하얀 우편함
아침 일찍 집 나선 임 기다리고
살살 불어오는 바람으로 동성이 되어
흔드는 제 오줌이 묻은 꼬리

어쩌다 센 바람에 놀란 주둥이 사이로
기다리다 지친 듯 침이 바닥에 내동댕이쳐진다
길어져 가는 그림자는 부모 없는
아이 녀석 얼굴로 대문 옆 켠 웅크리고 앉았다

비어 있는 개 밥그릇 삐죽이 열린 문 사이로
멀리서 들려오는 귀 익은 발걸음 소리
쫑긋거리는 귀 털 뒤로 한 아름
배부름이 있다는 것을 아는지

〈월간 한비문학 등단 시〉

나를 어떻게

뒤에서 노랫소리 들려
세월이 빠르다고

많이 헐거워 진 육체 뒤에서
목줄을 붙들고

저 멀리 걸어가는 달랑 걸음을
물끄러미 바라보고 있는데

못 들은 척 목덜미 곤두세우니
머리통을 코앞에서 두 눈을 치켜

시간도 빨리 간다고
쳐져 가는 볼 살을 붙잡고 서서

누가 그걸 모를 가
알고 있는데

나도 알고는 있는데

현실

마취 없이
야들야들한 피부를
도려내는 현실

빨간 액체는
외줄을 타고도 모자라
가슴팍을 후비다가

출입문이 잠긴 입구에서
한 개비 담배로
달래고

돌아서는 그늘에서
타들어 가는 입김을
인도(人道)에 날린 다

알아주는 이 없는
슬픔이
병이 될까 봐

조용한 걸음으로
기나긴 터널을
벗어나려

마른 침을 삼켜
목젖이
거칠어진다

나를 위한 시간

나를 위한 시간이 있다면
어느 시간일는지

누구나 원하는 시간이 갖고 싶은
나만의 여유

충만할 것 같은 시간
자신의 이미지

나를 찾기 위한 것
남의 것을

원하는 것도 아니오
나를 위한 나만의 것으로

누구나 원하는
자신의 시간

남의 것이 아닌
자신이 점유하고 싶은

쉬운 듯하나
어려운 일이기에

인생은 남을 위해 사는 것이
나를 위하는 것보다 쉬운 것을

뭍에 오른 밤

눈이 시린 날 밤에는
불면의 밤이

불꽃 같은 번쩍 임이
잃어버린 옛 추억을 생각하듯
눈앞을 오가고

눈동자를 문지르던 손은
순간 창문을 열어
낮의 속살을 감춘 달 없는
밤하늘을 본다

나의 피부도 곱게 포장해
감추어 놓은
두려움마저 없는
나만의 세상과

밤의 세계를
매일 새는 날 밤들을
오늘 밤도
눈이 시린

이 밤을
이 밤을

소원

차라리 뜨거운 열기이리라
불덩이 속을 헤집어
토하리라

서투른 욕심에 무너지는
희망이라면 영원히
버리리라

알맹이 없는 껍질은
만지면 망가져
잊으리라

알차고 단단함 만져도
망가지지 않는 희망
잊지 않으리

가난

눈가엔 멍울이
옷깃에는 젖은 식은땀

눈이 하늘로 있어
보이지 않겠지

거친 숨결 소리마저도
귀가 하늘로 있어

즐거운 비명은 들려도
들리지도 않겠지

육 삼 빌딩에서
아래로 밀어도
떨어질 줄 모르는

시원히 흐르는
물줄기에 흔들어도
떠내려가지 않는

바로 눈앞에서
버티어선 어엿한

그 모습이 숨 막혀

방망이로
두들겨패 줬더니

장의사 넌지시
큰절을 하고

삭막한 사막 위에
두 눈을 떠보니

싫어 진 인연
야무진 입술에

꽉 물린 인생 사
그 자리
숨소리 헐떡이게 하는
방탕아여

가로등

기다리는 이도
찾는 이도 없는데

누군가
찾아 올 것 같았을까

등 뒤에 그림자
살며시 숨겨놓고

소낙비 쏟아지면
불빛마저 슬픔에 젖고

하얀 눈 소복이면
손끝 입김 불며

멀건히 어두워 오는
허공에다 하소연 저밀어

술기운에 젖은 말벗
쓸어안으며

젖어가는 눈동자
우수진 눈으로

어두움이 긴 길들
밝혀 놓고

밀어로 약속한 만남
빨갛게 빨갛게

변신

나비 같은 날갯짓으로
화려한 꽃잎은
파아란 하늘을 닮아 보고파
밝은 미소로 바람을 안고 섰다
귀여운 보조개도 그려 넣고
검지도 붉지도 않은 눈썹
반달로 그려놓고

가늘은 꽃대 그 끝자락에
꽃망울은 바람을 놓으며
은빛 물결 찰랑대는 갈대를 바라보다
옆모습으로 고개를 좌우로 흔들며
더 예쁜 핑크빛
도라지꽃을 바라보며
바알간 미소

늘씬한 몸매 드러내며
수줍어하더니
어느 듯 꽃술 끝 바구니 안에
꿀을 가득 담은 날개 밑으로
고개 숙이며
닮아 보고픈 하늘은 보이지 않고
바람소리만 들릴 뿐
하늘을 닮아 보고픈 꽃잎은

비밀

숨겨두는 것이 나쁜가요
누구에게도 주고 싶지 않은 상처
상처가 될 가봐 숨겨둘래요
그리고 혼자서 혼자서 가만가만
내 보며 슬퍼할래요

말하지 않는 것 또한 죄가 될까요
말하면 그 큰 생채기 누군가
생채기 될까 봐 말하지 않을래요
그래서 혼자서 혼자서 가만가만
숨기며 말하지 않을래요

먼 훗날에 그때
혼자서 슬퍼하고 아파했던 일들을
먼 전설처럼 들려 드릴게요
아픔도 슬픔도 그때엔
전설이 될 터이니까요

현대인

낮과 밤을 다듬는 사람들
오늘을 눈으로 그려놓고
내일은 머리로 한 뼘 한 뼘 그려가며
제 몸집 낮과 밤을 다듬어
목을 축인다

하루가 반나절 같은 시간을
이리 굴리고 저리 굴리고
굴리다 잘못 드는 길은 누구라고
탓할 시간적 여유도 없다
어느 듯 해는 서산에서

야단이다 빨리빨리 라고
발걸음이 무거운 것인지 가벼운 건지
분간도 없어 도망가는 해 따라
망설임 없이 고분고분
바짓자락 흘려 내려가도 감각은

타인의 짙은 발자취
마치 내 것이 아닌 양
그렇게 하지 않으면
내일의 해가 부서지는 것처럼
뒤를 되돌아 볼 시간도 없이

해는 지고 밤이 오건만
밤엔 자신은 어디 가고
육체만 베개에 의지 한 채
뜨는 해 따라갈 꿈
그 꿈을 따라간다고 밤을 재촉하는

달을 잃어버리지 않았다

음력 유월 열이레 날 밤 한시 삼십 분
날짜로 보면 열여드레
일기예보는 갈매기 이름표를 달고 구름을 쫓고
밤 서리 낮 서리 가는지 오늘따라 유난히 밝은
밤의 왕자 왕관 위로 그늘 되어
휘파람 신호기 깃을 달고
돌아가는 선풍기 사이사이로 버티어 선다
쫓다만 구름은 누워 있는 얼굴위로
그림자 되어 지나가고
타임이 끝나 멈추어선 위로
왕관 주위에 무지개가 아름답다

점심시간

눈동자 핏줄이 가느다랗게
가느다랗게 그려진

두툼한 눈꺼풀
시들어 가는 꽃잎 흔들리듯
힘겹게 쳐져 가는

세상을 주먹 속에 쥐고 있는데
꿈만큼이나
높은 빌딩

생각 같은
고급 승용차 앞에서
한 톨의 담배 연기로
배회하고

흔적 없이 사라져 버리면
주먹 속에 세상은
호주머니 속에서

다시 꿈을 깁게 하는
정오를
쥐여보고
펴 보는

살게 하는 이유

무엇이 우리에게 살게 하는 일인지
이른 새벽부터 밤늦게까지
자신의 무게로 무엇에 홀린 사람처럼
뛰고 뛴 다 그렇게 하지 않으면
편하지 않아서인가
피부에 맞지 않아도 맡은 일에
부지런하다.
언젠가는 자신의 원하는 곳으로
갈 것이라는 희망을 버리지 않고
자신이 원 하는 곳이라면 족하지만
우선은 먹을 것부터 해결해야 하기 때문인가
밤의 육교 아래에는
차들의 불빛이 휘황찬란하다.

누구를 위해

바닥에 떨어진 꽃잎은
떨어지고 싶어 떨어진 것일까

시들어진 꽃은 시들고 싶어
시들어 버린 것일까

꽃잎으로 겹겹이 쌓아 만든
아름다운 성역을

영원히 간직하지 않는 것은
덧없는 수줍음 간직하고픈

그 누구도 알 수 없는
신을 위해서인가

흐린날의 일출

초조함이 널 붉게 타오르게 해
이른 장날 지게꾼을 불러 모아
긴 행렬의 빈 걸음이
오늘도 염려 서러워

구름으로 가린 네 얼굴

힘없이 터벅터벅
돌아가는 빈 걸음
빈손으로 가는 것이
오늘도 염려 서러워

구름으로 가려 놓고

제4부

세월이 지남에 짙은 자국
다시 돌아보며

우정

코흘리개 꼬맹이 손수건 가슴에 달고
입학한 날 선생님인 큰 언니 반이었다
담임이라 다른 반으로 옮기는 게
좋을 것 같아 옮기려는데 어릴 적부터
짝인 친구랑 같이 옮겨 달라고 떼를 써
같이 손 붙잡고 다른 반으로 옮기고
학교 갈 때 올 때 항상 둘은 손을 잡고 다녔다

그 친구네 집에는 아주 큰 우물이 있어
옷에 물들여주는 장사에 밑거름이었다
그 우물 속에는 조그마한 붕어도 있어
둘은 우물을 내려다보고 그 어머님이 삶아놓은
고구마랑 감자를 밥까지도 숙제도 같이 한 친구

학교 갈 때면 우리 집 아니면 그 친구 집으로
찾아가고 찾아오고 꼬오옥 붙어다닌 친구
한 세기의 반을 넘게 넘긴 세월이건만
어느 친구보다 가슴 깊이 뿌리 박혀
그 친구와의 우정 뽑혀 나올 줄을 모른다

만날 고개

산 넘어 해가 진다
얼레에 매달려 나르는 연이
찬 바람 부는 무한의 하늘에서
얽힌 문살에 매달린
허허로움의 꼬리 밑으로

멀리 내려다보이는 시야 낯익은 동네
부비고 부빈 눈동자는 시리고 따가워
뒷덜미 붙들고 보채여 다시 바라보는
청보리가 무르익을 데로 익어
눈을 감아도 훤히 더듬어 가던 길

고개 위에 마을을 바라보고 걸쳐 앉은
커다란 검은 바위
물끄러미 바라보며
날선 소매는 달아만 가는데
산 넘어 해는 지고

절제

호롱불 빛 아래에서도
장미꽃은 붉게 타오른다

타다 못해 손바닥으로
땀을 고이게 하는 촉촉함

타오름도 밟음도
어두움이 져버리는

가련한 몸부림이면
어두움이 있고야 안다

검은 어두움에
숨겨지는

타오르는 열정이
터져 버릴 것 같은

가뿐 숨길로
가로막을 때면

건너지 못하는 강물의 디딤돌
세우고 눕히는

미덕이 디딤돌 되어
걸음걸음 하게 하리

네가 피워야 할 꽃이기에

엄마 가야해 안 가면 안 돼 촉촉이 젖어든 음성
어두움이 드리워진 창 밖 아파트 건물엔 불빛이
하나 둘 드문드문 켜진다 그 불빛이
끈적끈적한 액체 때문인지
옆선 하나를 그리고
흐른다

엄마 가야해 그 말 삼십 년이 조금 넘은 세월이라
너의 외할머니에게 했던 말 그때 어머니의
출가외인 이 집 가문에 넌 없다시던
친정어머니 단단한 끈으로
야무지게 묶어서
돌아선

그 발길은 지금 여기까지 너를 하나 붙들어 놓게
외롭지 않은 인생 살라고 자신의 외로움은
이 엄마의 등 뒤에 묶어놓고 우시던
이젠 그 자리가 벌써 그 자리
새로운 동아줄로
돌아설

그 발길을 지켜보아야 하는 덤덤한 세월이 바라는
길을 헐어진 가슴 언저리 차곡차곡 재워서
많으면 많게 모자라면 모자란 양만큼
채워진 너의 외할머니 주름살
친정을 나서면서
했던 말

남아야 하는 아픔

열 번을 보아도 거짓이 아니었네
진실이었네

꿈이라고
꿈이라고

아무도 말해주지 않네
두꺼운 헬맷을 쓰고도

머릿속을 넘나드는
생전의 조각들

끝내 남아 있는 아픔은
더딘 시간으로 머물겠지

시간만이 너를
성숙으로 이끌 때까지

머언 하늘만
바라 볼 수밖에

-젊은 나이에 혼자남아야 하는 조카딸에게-

과거

떨어지는 빗물
살짝 스쳐도 차가워
얼음과 같은 차가움의 짧은 순간
등줄기로 번져 버린 소름
깨어나야 할 순간
접고 접어

어디쯤 와서
등의 소름을 밀쳐 내듯
이유없이 묻어나는 후회를
너를 붙잡으면 영영
아침이 돌아오지
않을 것 같아

벗어야 할 곳에
신발을 벗어 놓듯
엉키고 뭉친 고된 삶이라
길을 찾아 아름다운
이별을 준비하며
너를 보낸다

꿈은 나를 자신의 연극무대로 알고

어린아이 눈동자처럼 반짝이며
속 옷 하나 걸치지 않아도
남들은 모르는 걸
자신만의 세계를
어디에서 무엇이 되었든
넌지시 TV 주인공처럼
연기하게 해놓고

닫혀 진 문 사이로
등에 타올라
말 타듯 채찍질해
강물도 냇물도 비좁은 골목길도
낯 설은 길들을
아는 길처럼
돌아다니게 해 놓고
뺑ㅡ

허탈한 가슴은 무엇에 흘린 듯
천장을 바라보고
낮과 밤이 오가는
남들도 모르는 길을
오가며 지친
어두운 밤들은

그날그날들은 항상
단막극의 주인공으로

-기행 시-
길 벗 따라

"엄마 준비는 다 되었어요?" 준비랄 거야 없는데

"글쎄 아빠나 나나 둘 다 어리바리 해서 제대로 타고 내리고 찾아 갈라나 걱정이네."하고 답 하니
 딸아이 배꼽을 잡는 소리로 깔깔거리고 웃는다. 그러자 폰에서 손주 녀석 깔깔거리고 웃는 소리 들리고
 욱, 하는 소리와 동시에, "먼 소리고" 하니 에이구 손주 녀석 제 아빠 무릎에 앉아서 머리로
 콧등을 박아 코피가 흐른단다. 엄마가 웃어 영문도 모르고 따라 웃다 제 아빠 코피 한방 퍽 한 모양이다.
 아유 내가 아무 말 안 해야 하는데. 딸아이는 계속 웃고 있다. 뭐가 그리 우스운지 한참을 웃던 딸 아이
 "엄마 아빠 어디 가면 불안해" 걱정이 앞서는 모양이다 걱정을 할만도하다

 한번은 태국 가서 팔을 다쳐 그 먼 타국에서 깁스를 하고 온 것을
 공항 마중 나온 딸아이는 기겁을 하던 표정이 아직 기억에 남아 있다. 그리고 단체 가족 여행 때도 아빠가

 물갈이가 심해 삼일 동안 잘 먹지 못해 핼쑥한 얼굴로 공항에 나타났어니 딸아이 걱정은 평범한 걱정이

아닐터다. 어디 그뿐인가 어디 갔다 왔다 하면 몸살로 이삼 일을 들어 누워야 하는 제 엄마 걱정을 하고 있는 것이 아닌가.
"어떡하니 한번 다녀가라는 네 삼촌인데 갔다 오련다."

"그럼요 엄마 여행 무척 좋아하시잖아요."

딸아이 말이 맞다. 끙끙 앓아 누워 있다가도 여행이라면 이를 악물고 일어선다.
가다가다 쓰러지는 한이 있어도. 체력이 따라 주지 않는 것을 원망하지만 그래도 좋은 걸 어떡해.
그리고 병원에 가서 물갈이를 심하게 한다고 며칠 분의 약을 지어가라고 신신당부하며 전화를 끝낸다.
기본적인 약만 대충대충 집어넣고 아침 일찍 커다란 여행용 가방을 이끌고 폰으로 부른 택시에 몸을 실었다.
김해공항에 도착시간은 6시 반 아직 아무도 근무하지 않은 비어 있는 좌석 잠깐 의자에 앉았다.

1-1 이미 일 벗은 제 길 벗을 따라
    제 말벗이 둘이다

    나의 말벗도 얼마 후면

제 길 벗을 찾아갈 터
내 옆에 남아 있을 벗은
길 벗 하나

내 덩치만 한 여행 가방을 끌고도
혹시 딴 길로 갈거나 되 돌 아 보며
나를 챙기 네

이 몸은 기억 꼽을 기구하나 달랑 메고
길 벗을 따라가네

예닐곱 해 맑은 얼굴로
따라 나서네

하나 둘 근무처에 제 책임을 다하려 좌석을 메워 나가는 항공사 직원들은 단정한 제복에 얼굴들, 탑승객들도 하나 둘

빈 자석을 메워 좌석은 채워져 간다. 새벽 공기는 쌀쌀하지만 수속을 마치고 탑승할 시간이 가까워 오자

설레기도 하고 불안하기도 하고 처음도 아닌데 꼭 처음인양. 길벗은 항상 창 쪽을 좋아하는 나를 창 쪽으로

먼저 밀어 안치고 짐을 선반에 챙겨 넣었다. 창문 밖을 보니 바로 앞의 물체만 보일 뿐 멀리 있는 것은 보이지

않을 만큼 날이 흐리다. 속으로는 비행기가 무사히 잘 갈 수 있으려나 하고 걱정하면서 비행기 안을
둘러보니 비어 있는 자석은 보이지 않는다. 만석이다.

1-2
하이얀 쌀밥에 김이 모락모락 나는
그 김 속을 날아가 네
훈기도 따스함도 없는 그 길
참으로 싫어지네
저승길이라도 이 길은
아니 갈 것 같네
아무것도 보이는 것이 없는
부우옇게
보이는 시야에
촛점도 서지 않는 곳에
덩그라이이 앉아
허공 중의 허공이네

방송에서 여기는 흐려도 인천공항은 날씨가 맑다고 한다. 그 방송이라도 하지 안았으면 길벗 소매 끝을 붙들고

노랗게 질린 얼굴이였을 텐데 무사히 도착한 우리는 또다시 중국 남경 가는 12시 30분 비행기

탑승을 준비해놓고 아침 식사를 우동으로 때우고 인천공항 쇼핑을 하고 점심식사는 기내에서 제공해준다고 하니

 점심을 먹을 필요는 없을 것 같아 인천 공항 구경을 했다 사람구경에다 쇼핑에다 수속 밟고 시간을 넉넉하게
 잡은 게 다행이란 생각이 들었다. 시간이 조금 부족했더라면 어리바리한 둘이서 더욱 당황해 일이 엉망이

 될지도 모를 일이지만 딸아이에게 소화물 붙였고 탑승만 하면 된다고 걱정하지 말라고 전화하고 기내로 들어섰다
 안내 반송이 나오고 천천히 움직이는 창밖은 김해공항처럼 흐리지 않고 맑은 날씨로 아름다운 하늘이었다.

 1-3 머리 위로 하늘이 아닌 물결 한 점
    구름 한 점 없는 파아란 바다가 있어

   감탄사가 절로 나오네

   발아래에는 짙푸른 바다 물결
   그 위로 세탁물에

   밀려난 세제 거품이
   바람 따라 물결 따라

   흐르고 구정물이 아닌 맑디 맑은 물밑에

집도 산들도 물속에 잠겨 있어

털이 복실 복실 한 양 떼들 그 뒤로
복실강아지 따라가다 뒷다리 한쪽은

쭉 뻗어 깽깽거리는지 눈도 코도 입도
바람에 사라지는 창문 바로옆 나는

비행기 안이 아닌 하늘을 둥둥
한 무리 양이고 강아지이어라

기내에서 간단한 목적지와 주소 성명을 쪽지에 써내고
식사가 들어와 오랜 만에 기내의 식사를 끝내고

커피를 마시며 내다 본 창밖의 구름은 색다른 모습 시시
각각으로 변해 화창하게 맑은 날의 만찬을 나열해 보인다.

1-4 없었다 그 자리에는 자연
     만이 길게 숨을 내 쉰다

     제멋대로 그 멋대로가 있을 뿐
     만들음이 없다

     저희끼리 놀다 지치면 걸쳐진
     아무렇게나 만 있다

따뜻한 엄마의 품속에서
꿈속을 헤매는

조그만 입속에 엄마의
유두를 담고 있는 자연이

나를 붙들고 허공에서
놀자고 한다

(여행 길 허공에서)

촛불은 그냥 타지 않는다

하얀 보송보송한 토끼 같은 얼굴
제 얼굴이 맑은 개울을 그리는데
산목숨이니 살려줘야 해요
땅바닥에 붙은 조그만 동자승
나보다 훨씬 짧건만
나보다도 훨씬 긴말을 할 줄 알아
새벽 불빛 타며 받들어
조그만 가슴에
진리 탐구 벌써 안아 두 손은
불 속이 뜨겁지 안 아
조그만 하얀 고무신 신고
폴짝거려도
몇 년 묵은 긴 말을
때 이른 새벽을 도래 짓 않고

추억의 그리움

대지 위 빗방울 떨어지는 날
문득문득
머리에 맴도는

기차를 타고 하얀 눈이 덮인 들판을
지나칠 때면
문득문득
한때는 잊었나 했는데
잊지 않고 있어
하얀 백지 위에
사연들과 함께 적어주던 팝송 쪽지들

지나는 길에 오디오에서 흐르면
자신도 모르게 우뚝 서
그 곡이 끝날 때까지
세월과 함께 묻히어 가리라는 건
생각의 담금질일 뿐
문득문득
머 언 옛날로 돌아가는 소녀

다시는 돌아오지 않는
길 위에서
비 오는 날에도
그리고
눈 오는 날에도

가을찬가

서늘한 바람 귓바퀴 맴돌며
머릿결 다듬어 어깨에 걸친
너에게
사랑했다는 말
차마 흘리기 싫어
마음 다스려 여기에 섰건만

말 없는 사랑 앓음
속앓이로 받아내어
네 안의 고독
가득 숨겨 놓고
마알간 하늘가에
남겨둔 자취 소복소복 담아내는

멀리 들려올
해 맑은 그림자 하나
끄적이는 백지 위에
너만의
깊은 호흡 이루면서
치켜든 뒤꿈치로 문턱 넘겠지

내가 물어본 가을

머리를 설레설레 흔들며
고개 숙여 목례로
추웠더냐고
더웠더냐고
두 눈동자를 바라보아도
구름 한 점 없는 하늘을 바라보며
싱그러운 초록을 접어
한 점 두 점 비어있는 잎 자국 내보이고서

낙엽 1

사잇길에
노란 금냥 하나

이제 막
하늘 보고 누워서

계절 문 비스듬히
넘실거리는 구름 바라보며

제 입김 불어 놓은 다리에
낯설은 이 이 발자국 놓이면

서러움에 서러움에
돌아누우려

굽이진 외길 쓸쓸히
젖어드는

바람도
상처가 되어갈 길목

초록색은 어디로 가버려 을 가
연 초록에서

어느 사이 초록
진초록

저 산자락에
머물고 있었는데
봄처럼 내리는
가을비에

영롱해 진 색깔들
술래 목으로 찾아드는
이때쯤이면
열병처럼 울음을

낙엽 2

당신과 대화하고 싶지 않았소
눈 맞춤도 싫었소이다
어쩌다 흘러간 과거에

아는 이에게 들려줄 사연이
그렇게 많아

쓸쓸한 바람에
휘날리고 있는지
말 좀 해 보구려

가슴앓이 입술에
쓸쓸한 미소

사랑하는 이의
익어버린 과일 같은
속삭임 줍고자

어느 순간엔
잃어버린 추억

기억으로 속삭임 하더니
눈시울 붉게 적셔
놓아버리고 싶은

끈을 끝까지 못 놓아
입술마저 젖어
가늘게 떨게 하는지
눈물을 닦고서
거짓 없이 말하구려

떨어지는 잎새

어디쯤
어디라는
언약도 없이
자라목으로
기다리더니
소리소리
외치며
방황하다
저보다
먼저 떨어져
파르르 떨고 있는
가냘픈 사이로
육신을 내려놓고
한낮
속옷마저
벗어
양지 바른 언덕
갓난아기 볼 같은
햇살을 모으다
밤이슬
고이는
작은 골짝에서
하늘을 접어든다

가을1

수줍은 아낙네 고개 숙인
색깔 고운 잎

지나가는 버들피리 바람소리
앞가슴 토닥이고

멀리 떠날 바람
버선발 젖어들 건만

슬프지 않은 바람
홍조 띤 볼로 비비다가

실 꿰는 바늘 끝
나뭇잎에

머나먼 길 떠나는 사연
새겨두고

아무도 뵈지 않는
뉘 바람 기다리며

가을 2

하얀 속살에 영 글은 입가
늦은 밤

창틀에 스며드는 더위 잃은 바람
잊혀져 가는 고향을 그리게 한다

많은 세월이 흐른 지금

아부지(아버지)
어무이(어머니)

가슴 속 너무나 깊은 곳에 닫혀 있어
더듬어 가노라면 손가락 끝이 덧날 것 같다

내 아이 아이로 인하여 어머니라는 언어

내 입술에서 흘려 보고 싶어 아무도 없는

조금은 쌀쌀한
허공에 내받고

맺혀져 가는 이슬은 흘러 턱밑으로
그리움이 겹겹이 되어 매달린다

치마폭같이 넓은 가슴

그 숨결
더듬어도 더듬어도
쌀쌀한 찬 공기만 볼을 깁는다

보름달 닮은 호박

선머슴 같은 수줍음
아는 척이라도 하는 이가 없어

노란 모자 푹 집어쓰고
기죽어 있는 모습이 엊그제 같은데

남몰래 밝은 보름달에게 당신을 닮아
반기는 이 있게 해달라고 빌었을까

아침이슬 보듬는 날
담장 밑에 둥근 달보다 더 큰

누런 달이 웃음 먹음 고
펑퍼짐한 모습으로 반기네

눈

어두운 겨울 밤
너의 희망이 거기에
소리 없는 곡으로 연주되어
즐거운 연인으로
타인의 발자국으로
남겨 준 반주에도
옷깃 속은 비어 있는 것은

걸음을 재촉하고서
얼른 껌 한 조각
혀끝에 녹아도
어느 날
일 년 한 번의 만남
눈을 감아도
귀를 막아도

하이얀 연주는 소리없이
계속되고 볼에서
살짝 애교부리는
차가운 겨울밤이
아니라면
만남
이루지 못할걸

꼭 다문 입술

조금만 기다리지요
아니지요
그대가 기다려 달라고 하는 시간까지
기다릴게요
진작에 할 수 없는 말임을
아니까요
세상은 당신을 기다려 줄 수 없지만
기다릴게요
세월 또 한 당신을 기다려 줄 수 없지만
기다릴 수 있다오
당신이 어지러워해도
시간이 어지러워해도
기다리는 마음은
변함없다오

더 많은 시간이 필요하다면
더 많은 시간을 기다리지요
그대 마음 편 할 때까지
설령 그 마음에 안락을
담을 수 없다면
기다림을 걷어 올리이다
기다림보다 아픔은
기다림보다

편할 수 없는 마음을 아니까요
당신이 편안하지 않는다면
모든 것 아픔일 테니까요
기다리지요
당신이 편안하고
모든 것 편안할 때까지

진실 그리고 거짓말

사랑은 하지 않아도 된다
그깟 사랑
옛날엔 그랬다
얼굴도 못보고
시집을 갔으니
말 없는 옛 어른님
그냥
그냥
살면서
친구처럼
오누이처럼
그냥
그냥
살면서
그깟 사랑

누우른 들판에
벼가 고개 숙이고
곳간에 가득하여도
그깟 사랑은 하지 않았다

바다의 고향

오뉴월 뙤약볕 아래
나체를 핥고 지나간
쪽빛 바닷가
물결 한 묶음 안아서
소리치던 젊음도
마음껏 뛰놀던 우윳빛 육체들도
혀끝 짠 물결에서
이제 막 고향으로 돌아갔다
나체를 그리워하던 바다는 타향을 잊고
어스름에 붉게 물든 수평선 위로
항구를 떠나는 배들에게
나지막한 노래 들려주며
다시 고향의
바다로 누웠다

팔월 대보름

솔잎 끝에 물린 떡시루
고향을 익혀가며
떡고물 품었고

부뚜막 고두밥알
단술 솥에서 곰
삭혀지면

나무그늘에 매달린
커다란 생선은 찜 솥에서
팔월 보름달 기웃거리고

참기름 깨소금
고소한 냄새 나물그릇에서
살짝살짝 입맞춤하면

들머리에 따다 남은 가시 돋친 밤톨
삐쭉이 벌여진 틈새로 윤기나는 쌍둥이 밤알이
밤하늘 보름달 보며

바람 그네 타면은
어릴 적 고향 그리움이
달빛 따라 흐른다

장날

사람들의 얼굴은 낯선 이 맞이하는
우리 집 누렁이 얼굴이다
뭘 사가나 뭘 가져가지
뭔가 손에 잡힐 것을 찾아가는
두리번거리는 사자 같이

눈매는 호랑이
물건을 들고 다람쥐 앞다리를 들어
밤톨 하나 빙글빙글 돌리 듯
물건을 고르느라 손에 쥐어 진 것은
다람쥐 볼이 볼록볼록 하듯

챙겨든 보자기 배는 불러오고
식구들이 좋아하는 것 한 가지씩
챙겨 넣어도 자신이 먹을 것은
빈틈없이 보아온 가방 속에
오늘 필요한 물건은 빠트리고

작품 해설

정영란 시인의 시에 나타난
어머니 이미지와 서정의 흐름

김 원 중

(시인 · 한국문인협회 고문 · 포스텍 명예교수)

I

정영란 시인의 처녀시집 〈어머니 용서하세요〉의 받아 읽고 나는 한동안 감동에 젖어 있었다. 환갑이 지난 나이에 문단에 데뷔(한비문학)하였고, 100편에 가까운 시를 묶어 시집을 내겠다는데 감동하였다.

또 시집보다 수필집에 어울리는 주제를 구태여 시라는 어려운 장르를 택해서 열정을 다 하여 썼다는데 감동하였다. 무엇보다 시집의 큰 주제가 어머니라는데 더욱 감동하였다. 어머니와 딸의 개인사(효심)가 아름다운 문학 장르인 시로 엮어서 사회를 밝게 비춰주는 거울 역할을 기대하고 싶어졌다. 한 편의 시 "사랑 세레나데"부터 읽어보자.

겨울날 하얀 눈처럼
가슴 열리는 날에는
입술이 연분홍으로 익어간다
혼자가 아니기에
시야엔 모든 것이 아름다워

무엇이든 용서할 수
있을 것이 기에
훗날 아주 먼
훗날에도 머물고 싶은

서로의 태양을 향해
하트 같은 미소 쌓으면
익혀져 가는
무언의 세레나데

〈사랑의 세레나데〉전문

우리나라 현대시의 결점은 시를 너무 어렵게 쓴다는 것이었다. 오죽하면 전봉건 시인 같은 분은 '쉬운 시' 쓰기 운동까지 펼쳤을까. 내가 어떤 난해시를 쓴 시인에게 자신의 작품(시)에 대해서 해명해 줄 것을 요구했더니 자신도 모르겠다고 하였다. 자기가 쓴 시를 자기 자신도 모르겠다니 참으로 황당하였다. 이제 내가 나이가 들어서인지 난해시에 대한 거부감이 젊은 시절보다 더 심해진 것 같다. 그

렇기 때문에 정영란 시인 같은 분이 계속 나와서 우리 시가 어려운 것이 아니라는 것을 보여줘야 바람직한 문학세계가 형성될 것이다. 그런 의미에서 정영란 시인의 〈어머니 용서하세요〉가 우리 문단에 큰 반응을 얻을 것이다. "어머니"를 감상해 보자.

당신은 냉정하면서도
차가웠습니다

마음은 따뜻하면서
뜨거웠습니다
당신은 인정도
사정도 없었습니다

그러나
마음은

뒤돌아서서
눈물을 지어시고
가슴이 아파
여위신 손바닥으로

가슴을 쓸어내렸습니다
당신의 자식이 남에게
떳떳하게 보이라고
욕먹지 말라고

애써 마음 졸며
눈에 보이지 않는
신에게
빌고 또 빌고

그 나이 되어보니 그 응어리가
자신도 모르게
흘러가고 있는지
그 옛날 당신의 모습으로

Ⅱ

　정영란 시인의 〈어머니 용서하세요〉는 총 97편의 시를 4부로 나눠서 수록하고 있다. 제1부 "사랑하기에 아름다운 것을"에는 배, 사안, 세레나데, 그리움 등 22편을 제2부 "희망을 젖게 하는 따스한 계절에"는 산새, 목련, 꽃망울 등 15편을 수록했다. 제3부 "산다는 것은 희망을 가지는 것이기에 뿌리를 깊게 하고서 가지를 밀어가며"에서는 생의 답안지, 소박한 끔을, 우선 멈춤 등 35편의 시를 수록했다. 또 제4부 "세월이 지남에 짙은 자국 다시 돌아보며"에서는 우정, 만날 고개, 절제 등 25편을 수록하여 총 97편의 작품을 보여주고 있다. 참으로 외형적으로나 내면적으로 에너지가 넘치는 작품집이다. 앞에서 언급하였지만 시로 써야할 것은 시로 쓰고 산문(수필)으로 써야할 것은 산문으로 써도 바람직하다. 문학 작품을 꼭 시로만 써야할 이유가 없다. 앞으로 하고 싶은 사연을 수필로 써서 엮으면, 좋은 성과를 얻을 것이다.

저자의 60여 평생 생애를 뒤돌아보면 얼마나 하고 싶은 소재(내용)가 많이 있겠는가 저자의 넘치는 에너지로 시도 쓰고 수필도 쓰는 문학가가 되기를 바란다.

열지 않아도
굳이 열라고 말하지 않습니다
닫아 두었다가
열고 싶을 때에
열어 보여도 싫어하지 않습니다
굳게 다문 입술은
잇몸도 다물어 있을 것을
알고 있기에
안으로 안으로만
더는 닫지만 않는다면

일 년 삼백육십 오일을
닫아두어도
열어 달라고 말하지 않을 테니
열고 싶을 때에 열어
굳게 닫혀있는
하이얀 잇몸 드러내어

속살도 살그머니
그때그때 보여도
아무도 아무도
미워하지 않을 것이기에

처음부터 기다리는
그 모습 그대로를
기다리이다
비가 내려도
눈이 내려도
바람이 불어도
웃는 모습 보조개 이는
얼굴을 알고 있기에
찬바람이 몰아쳐도
따스한 손과 손이 마주하는 출입문을

〈닫혀 있는 문〉이란 시의 전문이다. 정영란 시인은 참으로 호흡이 긴 시인이다. 누가 말린다고 되는 것이 아니다. 그 넘치는 시적 에너지와 긴 호흡을 잘 활성화 시키면 훌륭한 시인으로 문단에서 빛날 것이다. 나이를 초월해서 나이가 숫자에 불과하다는 것을, 문학으로 보여 준 정영란 시인의 건필과 행운을 기원하며 독자 여러분의 일독을 권한다.

2009년 11월 초겨울